PIES del MAESTRO

DEVOCIONAL DIARIO